Rosinanten ilmestys

Rosinanten ilmestys

Timo-Tapani Kunttu

Kustantaja: BoD – Books on Demand, Helsinki, Suomi
Valmistaja: BoD – Books on Demand, Norderstedt, Saksa

ISBN: 978-952-80-0645-9

alamme paratiisin
laonneilta
aidoilta kolhuisista
voittajan vaunuista
edellisistä
seuraavaa
puiden
varjoa
pihateille
notkuvaa
heimoa
hiljaa
helleradiossa
pölyinen
päivämme
nouseva
jo puhuu
puinnin
jälkeisiä
kuulostaa ukkoselta
et tahdo lähteä
et tahdo jäädä
half sun half
moon half
gallons
of wine peace
on earth on
ihmeellinen
venytetty
ajoneuvo
katollaan
korjaamaton
sato
siinä
&
silloin
me
vihreän
hämärän
kultaiset lapset
emme koskaan
katoa

apostolin
kyydissä
liristä
ku
me
asti
kali
se
vasta
ke
tjust
a
maa
ilmanlo
rusta uu
den puutar
han a
voimista i
kk uno
ista
van
hat
sa
vut
uu
detli
putkort
itmusiik
kihedel
mäpui
den
var
jot
au
ring
osta
pois
tai
kohti
päätimme
palaa
vaisuuksiin

Ensimmäinen Uni

Ja
valkeus
          oli kutsuttu
     tuli

     sai
          tulla

samalla
          avaamalla

     kaverin kaveri
verrattain
          viileä

si
itä
hän
ne
bileet
alkoi
vasta
auringon
ikuistaa
päätäsi
lasikukkien
pientareella
käännä et
ihmettelet
asetelmiin

asetelmista
niin miksi
koneesta
moottoriin
pimeydestä
pimeyteen
oisimme

miksi
tähtiä
emme

valot
tomuute
emme

katso
isi

y
o
u
see
me
we
iloi
sim
me
kone
mie
hestä pro moottoriin
älköönkä yksi kään oireilko
turhaan koputtakaa
niin oikeesti ja silleesti
tulkoon valkeus
ja val keus
tuli
lysti
taas yksi
kuvaa maan
eläviä meistä
ynnä liejusta
vähemmän hapuilemaan
aukkoja areenalla
kypäräpäissään viimeisen päälle
luomakunnan
kruunu

                    syvältä
                herätä korvat
          soiden jälkeisestä
                    aamusta toisaalta
                    uneksia kuhinaa
                            iltapäivän
                            punaisella
                            matolla
                hymyilevä raato
              menestyksen
                    tuoksu taattu
                            suosio

                            herätä
                            toisaalta
                syventyä
                    suoliin löytää
                            väkeä
              kuin pipoa seitsemän
      huntua seitsemän sinettiä sivuille
                            vilkuilematta
                jälkeisenä valmistautua
                    aamuna irtoamaan
                  toisaalla
                      määrä tietoisesti
                  ilmestyi
                    pantiin
                    rajusti merkille
                            se on
                            paperia se
                            ja
                    tiukkaa nimiä
                 timanttia nimiä
                    tuhkaa nimiä
              lasten aamu enkelten
            kaupungista auringon
                  nosteen musteen
                            karvaisen
                  kääntää kuun
                selkänsä takapuolella
              tarkkailija xxx

jälkeisenä aamuna
tämän tuon
otetaan annetaan
halukaasuu huutosähköö
sähköhaluu kaasuhuutoo
uusintavanhaa vanhintauutta
tasan tarkkaan
kylpyhuone makuuhuone
kaiulla juttuja
valaistu hautausmaa
luomistyö kärpästen
ja
Ta
da!
ei kultainen nuoruus
ei aurinko   tämä olla
nostetaan   pimeyden ydin
iho käynnistyy   mutta kaikkialla
miljoonin silmin   hehkua ja säkenöidä
ajattelemme   minä ei sytyttää
siis olemme   valoja ei koskaan
valmiita   kulkea pimeässä
toimintaan   turhaan
hevosella kuin hevosella
kilisevää kolisevaa
huimaa tuimaa
pulleaa polleaa
tääl
lä sitä
ol
laan
polvi
stukaa

ensi

mmäinen

ensimmäisten

unelma   painoton

hohtavainen   pyhä Reijo

joka kuplassa   Hilpeä hirnuu

viimein löytyi   vaahdotettu

arvokkuus alla viimeisen

hännän toivo

tuulettajan

paiste

päivän

koitto

aamun

silmästä

toi

seen ei

katsoa ei

nähdä no

huh huh nyt kyllä

on meno pelissä meno

peli ja karvat

jos lähtee jää hantaaki

kommandona   täydellinen ta

kosmokseen   kamus su

kunniaksi   mussa ju

luojan   nailijan

heitettynä paratiisiin

enylläkylläkylläval onaniagaranhumi

. . . . .kaik   namm. . . . .

. . . . .ta   ottava. . . . .

. . . . .tirai   elin. . . . .

. . . . .ment   KYLLÄ!   keino. . . . .

. . . . .kom   kita. . . . .

. . . . . .täynnä   rak. . . . .

. . . . . . .tyhjää   enne. . . . .

. . . . .pahaa   kynsin. . . . .

hyväälastikastikerad anposkessahampain

jin & jang & zing
zan   &
&   zon
zing
din & dong danssaa
                tähtein kanssa
                huutaa huoraa
        anna meillle koronassa
        tänäpänä
normimeno
  pukumoka
    lopullinen
        lookkimme joka
                päiväinen
                tahnamme
                melkein
                kuin rakkautta
                tuubissa melkein
                        kuin
                        joku
                        jotain
                        iltaa
                        heinän
                        korrella
                missä aurinko
        se
                istahtaa
        ja kaik
                kea
        ka
                to
        a
                vaa

                              Lennonjohtajan
        niin kuin kukkaan   luomuksissa
        puhkeaa lasivuorikin   ei-vaatteissa
        jumalten hukkapäivän   mikä on
                    ei-katsojat   vointinne
                    ei-katsovat   haluaisitteko
                    silmiään   näkyä alasasti
                        käännä   jumaltukkapäivänne
                    ei-silmiään   ratoksi helpon
                käännä   matkanne
                kasvovat   hyvältä
                vatsovat   näyttää
                        ei katsovat   heihaloo
                        kat   itsellenne
                        so   paljastaisitteko
                        vat   huipulla
                    sade uhkaa dyyntä pedattua
                    sade tuhkaa viimevuoteen
                        itku lasten   alla satujen
                        kirkastava   metsän
                    aamun no bodyjen

                    latvassa
        mega   tammen
        nega   terhon
        tuli   voima
        yli   voi
            mai nen

            katsot pilviin
            tämän harmaan
        kasvot tuota   harmaata
        kun seuraava   tuuli käy
    ja kun seuraava   tuuli   käy
    lehahtaa   asu   hetken
    kuiva kuitti   ei   valoon
    iankaikkisesta ian   jätä   ei mitään
    kaikkiseen rynnäkkö   mitään   ei lihota
tykin suusta jotensakin   arvailujen varaan
tutun oloinen jätä mitään
arvailuiden varaan asennossa
        häviää punaiselle kudokselle
                    punaiseksi
                    kudokseksi
        (äkkiä   sormeilee
        jokin   salama
        tuuli   sodan
        saa   madonreikää
        pikselit värisemään)   madon reiäksi
                ymmärräthän ymmärtänethän
                        haukotus
                        tehnyt
                        tuloaan
                toista sataa
                v#&%uotta

                    ja
         kuka   nyt   suotta
         hautaisi   kiven
         jaloilleni   palata
         syvän   päälle tai
         vain kais   taleen ku
         paria lis   konnah
         kaa kullat   tua viimei
         sen   viestin
              mi nä mi nus ta
                olen nais ta

              eikä   sillä
              luo   itse
              kuusi   päivää
              putkeen   juo
              ksujal   kaisille
              neutro   ni
              täh   dille
              mitä   än väliä
              tai   että kah

                        deks
                        antena
                        jo huusin
                          yhtä hoo
                            siannaa
                            leirille
                              kapoa

tuulikaappia ryhtiliikettä ykköstänollaa luutanahkaa
niitulle
mutta
nyt
kuiteskin
löytyy
harakka jokaoksalle ja alkanut   tieteskin
                                        nyt nostaa
                                        hitaasti
                                        päätään
                                        kun ei
                                  voi muuta
                                  miten
                                  aurinko
                                  lämmittää
          ja   kaikkea

katoavaa
itsekseen
liikkuu
jokin   hyvin
               hyvin
kiitos
hyvin   ja
keittää   huonosti
vettä
välillä   tämä
            tämä
            ja
            tuo
             re
                linnun etäyhteys
                        tuuli
                        lasissa
                        vaja
               ilma   vainen
               pallo
               harmaa
hammas ajan
        tyhjä
        paikka
kuorossa It has been
          a quiet
          day still
       ohi tusteillä
     jumah televat
        sil lat
        vir taa
       kuka lie
        om assa
     algoryt missään
          It
    quite a has been
        tha day
         M nk
         ve e
        mu ry
          ch

Toinen uni

A
pajalta
toiselle
an
tenni
ojossa
olo
suhteisiin
nähden
hyvin
kin
kuin
maa
ilman
luon
nollisin
asia
joten
kuten iso
pehmeä
hidas
esim
erkiksi
jänis
kehittänyt
ilmakehän
paineessa
taidon
esittää
painot
tomuutta
ohi
mon
en
hy
ate
vän
rian

Onko
joku
täällä!
painavampi
satunnaisotantaa
nahkapäätöstä
että kuinka
sitä voidaan
että tässä
sitä ollaan
piikkiin
jätetty
roikkumaan
ilman jälkeä
ja leimattu
on hakattu
on hangattu
on
ja
on
on
hie
no
on
vai
onko
täällä
joku
raskaampi
riippuvaa
maskia
upokasta
auringon
rivoa
hymyä
vuoksi
tämän
pimeän
vettä
hengitystä
yhtä
hymyä
vain

hengitystä
päällä
vettä
vain
nyt
yhtä vettä
sulatat
arkkua
uskoaksesi
itket
itseäsi
kas
voistasi
miljoonia
kuvia
kilinkolin
miljoonia
plus yksi
yhdestä
säilyy
halkeaa
viimein
mitä
teit
säilyy
kesänä
sinä
pitkänä
pitkäkseen
asettuu
kädessäsi
veitsi
vitriiniin
sillä on sivelty
uskoaksemme
kevytlevitteitä
enimmäkseen

aikansa kuollut

kaukonäkö
kaupan yössä

välkkypää
kiiltävällä kyljellä

hieman sivussa
sammuu valoihin
pehmeään nurkkaan

hiljainen hyrinä
lisäominaisuuksia
paljoudessa

ansaittu
ihailu
tulehdus

kierre
ja mitä vielä
keksitäänkään

konemestarille
yöksi jos valoja

himmennetään
ei!

kö!

se!

pel!

kää!

tyh!

ji!

ö!

tä!

kaiutonta tilaa

tarjouksessa

taskut täyteen

käsiä toistan
käsivarsia

luvattu
lomakkeen
täyttymys

paperi kuin paperi
veitsi kuin

ensimmäinen sana
yrittää yksin

irtiottoa kuolleena

syntynyt ääni lausuu

kaikki äänet vaativat

rahojani.com

katsokaa lapset kolikoita

                    sataa katsokaa lapset
                    ja maailma

        kääntyy ja kääntyy
          ja lapset lapset
           hievahtamatta

                    kevyellä hermotuksella
                    suurina silmät suhisee

            ilman voimaa
       suu kääntää maiseman

                    tässä on rukoustehostin
                    ja mitä vielä keksitäänkään

        hiiskumatta auki ulos
           sisään koukkuja

                    niin kuin hengitimme
                    luonnostamme
                    sydäntä vasten

             tyhjät lyönnit
          tässä meidän mene
           styksiin salaisuus
            parasta jatkaa

                    erillään
                    ja about kaikkea
                    sisäisesti sähkövalosta

toisinaan ilmenee sieluja

                    yhteinen samettiviitta reikäinen

      Alfa & Omega ltd

                    Minä Mää & Meikäinen

          soulia sheivaava
      trallallaattori itsestään

                    jumissa täysin
                    moitteettomasti

     tällingissä ympärilleen

                    manuaali kehtoonsa

              kellastuu
                hetken

                    sydän

                värisee

                    linnunkieli

        hyvässä tallessa

                    sytostaattinen

             voittoputki

                    täynnä mahdollisuuksia

                  jne

hajontaa keskellä sanotaan muka

                Voitto! tarkkaan ottaen yllä auringon

jotain keskellä kuuminta
Hottia just nyt

                lasin takana ohjauspyörän

yrittää joka tapauksessa
tehdä hyvää

                edessä alla ja sivulla

tarkkaan ottaen
ensivaikutelmaa ja

              viimeistä

vauhtimittarin
silmät
suuret

      voittajan
      aurinkoa
      kohti
      suuri
      tukka
      roikkuu
      syvä
      ura pieni
      omaisuus
      käsissä
      päin
      keitaalla
ammunnan
välillä
hiljaisuus
armoton
hitti
huippu
kunto
nyrkkeily
jooga
palaute
taanko
tehdas
ase
tuk
set
kyl
lä
ei

                        tässä
        kaikki
                        eikä tässä
    eikä vielä
        tässä
                        vielä
                        eikä
        kaikki
        kaikki
                        kaikkikaikki
                        kkikaikkikaikkikai

&

iltapäiviä

ruusutapetoituja

ylähuulen päälle

siirtokuntien paino

kun pöytäkirja yhä viipyy

hänen noustuans

erikoistarjouksesta

ulkoavaruuteen

avointa dataa

muistox wanhain aicain

vielä

älä kysy

mitä

voit

tehdä

tälle

nahalle

kysy

mitä

tämä

nahka

voi

tehdä

si

nul

le

si

kun
täytyi tulla

pois

taskussa

todistettu

suunnaton
voima
nostomiehen
nahka
suussa
pikkupojan
veren ja pihkan
leiri

kamiinan

hengitystä
tasaa
onnea

vahvana
melkein jo

hento
kärryjen
vetämä

aina
jäljessä

tukahtuneita
koneääniä

kutsuttiin

vanhaksi
seistä
suu
auki kädet

punaisen sinisen
välkkeessä
velttojen lihasten
nivelten
löysien

tulella

korvassa

hienhajuinen
koiranuni
kyljessä
pakotettu pistin
ja viestimies

seuraa
katseella
sitä menoa
melkein vielä
helpottuneena
meren rannalla
pää pystyssä
olento

muutaman
askeleen

vilhuu
sumua

nytkin
automaattisen
liikunnon
päätepisteessä

        tämä
        tässä

aukko
paikka
paikkana

        maisemassa

                olemme
                yks
                kaks

        päivänlykky

niin kuin ruohottunut
seinusta
sinusta
minusta

        auringon
        kulma

                ja taajama
                päättyy

        päättyy ja

alkaa
maailman

                ruutu
sivulta   ruudulta

kupla
kuplalta   hahmottuu
        otsikko irti

suoraan
itsensä
itselleen
sanottuna   onnikassa
        unia

                maisemia
                naamoja
                auringon
                laskuttamia

        lumettomista
        talvista
        rakkauden

kesää itsettömään
vaihteen vaihtoon

Pin Up

kylä
tiellä
runko   niin
  tiellä   ettei
   samaa   kukkaa
    kaipuuta   huomaa
     naamio   lapseksi
      miehen   ontuva
       silmissä   ukko
        jälleen pääte
          pysäkillä
          tiesululla
        itsensä tähden
       kaipuuta   kaiken
      silmissä   varalta
     jossain   maassa
    siellä   kaatuilee
                        näkymän
                         nähden
                          silkkaa
                           luonnon
                            voimaa varman
                                päälle jäljettä
                                  verhoiluun
                                   hukkaa esineitä
                                  ettei kukkaa
                               luule kuule
                                ymmärrettävästi
                                  oikein väärin
                                       tyylikkäästi
                                  uusi malli
                                vanha
                               samaksi seulaksi keneltäkään
                              kysymättä luottamuksella
                             päästetty maailmasta seuraavaan
                            päivään pihatöittä sijoillamme
                           kehätiellä henkeä pidätellen vedämme
                          kyyauraa maadoitamme
                            varautuen kukoistukseen

Muistista   muistiin
               kadoksista
kadoksiin
          numerot kaikki
       liittymistään soittoäänet
viimeisen keskipisteessä päivän kaikkeuden
       kellarin ovi hälyttämätön
       lentotila ei yhdenkään korren
   taittuvan tiedetä sohvapöydällä
       talven yli verannalla
       nakkisoppa jatkuu
          viihde galaksista
               toiseen
               nuku
               hyvin
       äiti pieni

pikku-isi

               nuku

               hyvin

kirotut
vuotavat
vuosisadat
humisevat

kirkasta
nestettä
muka
terve
kotiin
tuloa
hunnit leirissä
sammuneet
linkkimastot
vapisevat
taajaman
porteilla
ainaisista
sabateista
rabatteihin
ainaisiin
kuumaa lakkaa
herumasta
vintti
kylmään huoneeseen
lähteä palaamatta
kuten
ikuisesti
sinun
astuu
ihmisen
kristalliratsu
luonnostaan
liukenee
veteen
juuri ennen
kotia
juuri ennen
sotia
hiljalleen lunta
sätkävehkeille

                 näin
    ravitsevaa   ihanaa
       ruokaa   unta
       pätevää   karkasin
henkilökuntaa   kotiin
     tehokasta   en
  hajunpoistoa   muista
          niin   minne
          että   mutta
         kiitos   kotiin
         kiitos kotiin

maasta
    olet
sinä
    päättömän
kanan

yksinäinen

    boogie

tämänkin

    tuotteen

aktivointi

    epäonnistunut

            rannalla   ryömivät
                               rankat
                    päivät
              mutakuoppaan
                               hämärissä
                               sotilaiden
                      nauru
                                   vetten   yli
      humalaa   nuotionkuumaa
                               kohmeisin   sormin
            asettelin   laihalle
rinnalle   valtikan
        mutta   manttelin   pidin

      sanotaanko   on   talomme
              nyt sadetta   ikuinen
                    taukoamatta   rapattu
                      kuningas
                  sanoi
                      ikuinen
              taukoamatta
                  kun sanoi
                      kuningas
                mitään kun
                      ei
                  tiedä
                  kun vain
                      savisen
                      maan
                      haju
                      täällä
                      nousee
                      taivaisiin

ja
niin
hän
seon
viimeisen   päälle   kulta
kutrit   ojennuksessa   kauheessasotkussa
poistumme
vähin
äänin   poistuaksemme
aakkosiksi
matonalle
avaimen
jätämme
hengityksemme
taskuun   heng i tyk sem me
salaisen
reseptin
yms   yms

rehellisesti
sanoen   ihan
hissun
kissun
emme
ole
täällä
päinkään
yms

tosta

vaan

kaikki

hallitusti

määrät   alas

päivät

kaikki

ei   siinä

mitään

kilinästä

kolinasta

kannen   alla

mitään   yhdestä

ei   vielä   hetkestä

pasteerata

pää   omaa   voi

kainalossa   huutaa

pyytää

saatanaa

voileipää

armoa

huutaa

huutaa   huutaa

Äiti

pitkällä   reissulla   pitkällä
    kissa   kädet

      vahakangas   kukilla

    huhut   liioiteltuja   männyn   juuret

  tuumatta   toimetta

vapaata   pitkää   vapaata   poltella
         kaukaa
kaukaa   tuloksia

         aalloilla   tuloksia
  kaukaa
         se hehku
hämärän   hämärästä   hämärään

   virnistät   ehkäpä

         miksipäet

tupatarkastajat   raadonhaistajat

    saattoväki

    kuivasilmä

   kaikki   samaan

aikaan   poissa

                    ja
                   nyt
                  kun ja
                     nyt
                pohtikaamme
                       ensin
              uskontoa lopuksi
                kasvien
                      juuria
                      piirtäkäämme
           kirjoittakaamme
                           hietaan
               ilmaan
        sodat   lehtiä
                 joka   tapauksessa
                              kasvavat
                 kaukana   betonia
      sanottakoon   kotona   jäivät
                                  syömättä
          kriikunat
                  ja tarkoittaa
                               nälkäisiä
            jäniksiä   sinä

                  ja sinä   vuonna

                tuli
                        meni
                tuhat
                        jälleen
        syntymää
                        poletit
        kauheasti
                        kantamalla
        kourassa
                        aina
        kevätkylmiin
                        jos
        syyskylmiin
                        pudotaan
                        jos
        pudotaan
                        ja
            siinä se
                        nyt
                        kuitenkin
        mättäällä
        hymyilee
                        aurinko

        paistaa

        naamaan aurinko

        kaikkien kesien aivan kaikkien

Tosi-TV1

yksin
niin
yksin
been
monella
tuolilla
kyyryssä
selin
vapaa ja
vapaa
halki
nähdä
tähti
sumun
pidemmälle
kättä
ihmettelevät
lapset

mikset

                    voisi
          käydä
                        edes
  ovella
                            sanomassa

        Hei
hei   hei

                          hei?

                        varisten
                        viileään
                        nukun
            en
                        luontevasti
            en
                        kohtalokkaasti
                        viileään
                        herään
                        viluisena
                        nukun
        mutta
        herään
        joka
                        toinen
        päivä
                        herään
                    ja
                        nukun
                        mutta
                        herään
                    ja
            siipi
            rikko
            sulka
            sato
            vielä
        ammoin
        hiertää
    lupauksia
                        mutta
                        ei
                        ihmisiä
        murhata
        varisten
        vuoksi

                        kerran eilen
                             oli
                             arkki
                             tänään
                             kivi
                             ja kova
                             karkki silti
                             erehtymättä
                             kybällä
                             jengiin
                             uppoaa
                             kelluu
                             melkein
                             erehdyttävästi
                             näyttää
                             yhdeltä
                             tyypiltä
                             jonka
                             melkein
                             tunsin ja
                             mikäpä
                   tässä ja siinä
              eilen
            tänään
        fluoresoivia
          keinoja
      ryppytunteja
      reunalehtoja
      uppoviikkoja
        hälipäiviä
    papattivuosia
     uurnaehtoja
       aina vain
              ajoittain ei koskaan
                          enää
                    taas

ja mitsit jos ja kun ja että
ollut kuivaa
viikkoja nyt
jalkapallopelistä
sulkapalloon
autot jonottavat
pellolta pellolle
hiljaa
painokkaasti
replikoitua kesää
ilman
kirjoitettua sanaa
kuuletko jo
sääilmiön
ohjelmajulistusta
no ei ole
satanut
viikkoihin
jos ja kun jos
asfaltin
kulmalla
kultaiset aallot
megakuu liittymässä
länteen
sanovat päivää summer
almost gone
lentolaitteineen
paratiisisaarten
savumerkitystä
suoraan yli
tuulilaseista
kattellaan
etitään aukkoa
kuvitellaan
maailmanverhot
kaikkien
kasvojen
edessä

hei aatellaan
kiviä
järjestystä
keskittyen
hei
jalansijoihin
tampataan
kuravalintoja
mietitään
huolella
vesivaa`an
loukkaamatonta
respektiiviä
nyt
lapset
hei
tehdään
töitä
suorat
rivit
sileät pinnat
edukseen
seuraavakin
aamun varjo
erottuu
yllä ja katso
tästä näkee
naapuriin
untuvapäisiä
esikoisia
lehahtamassa
punakoiksi
iltatähdiksi
heidän korkeuksiensa
juurella

ei ole satanut viikkoihin

kuuleeko
kaiku
täällä
kurki
hirren
alla
löytyykö
kimalletta
päivän
pahan
varalle
pohjaton
rasia
nauloja
vääriä
mutta
ynnä muuta   vahvoja
    muuta   uskossa
  ynnä   että löytyykö
hymyillä   hauskaa   saketti
itsekseen   olla vois   raketti
kehtaa   ilman   tahdossa
ja vielä   siipiä   liian
kiinni   irrallaan   nopea
niin aivan   täydellinen   irrallaan   kapea
  irrallaan   aivan liian   nuoruus
    tukka   nuttu
        seitti   pahan
      sydän reikä hajuinen

reunoilta
käpristymättä
säilöttyinä
mulkoilevat
kauan
poistuvat
juhlista
täällä   en
ole tietenkin
täällä
muistan
vähin äänin
olen
unohtanut

illat
kävyillä
halstratut
tietenkin
muistan en

voi unohtaa
kerrottu   hynniäisten
kevät   tanssin
laulaa   viisi lasta
hiljaa   tuhat lintua
ja hynniäiset hiljaa
tanssivat
nuoruuden
kuvia aivan
timanttisista
tyypeistä   aluksi
kuten   vain
huomaat   vaikeaa
se on

kätteni jäljet
löydät helposti
mustat opit
kuinka
Täällä Roikutaan
ja minä
tuota
noin
Eloni
Vaelluksen
Keskitiessä
unohdan
suojavärejä
sumuisiin
päiviin
sumuisiin huoltoasemiin
50 shades of
Elvis baby
nähdään
Pian Taas
Pojat
ei-aatteesta
ei-rahasta
sekoavat
Päästään Kotiin
hiekka
haisee

elä

                hosu

        yhden
    lumen
            aina
                kestää
        ja
        entä
                sitten jos
                kylvetään
                kylvetään
            jos tulee
        vettä jos
    jätimme
    kylvämättä
        uupumatta
                jyrryytellään
                natsoilla
                kesäteitä
                poltetaan
            kumia
        olennaisen
    orgioissa
    ihmetellään
        veren
            syöksyjä
                päin
                näköä
                hengitellään
                täydellisiä
                malleja
                kertsiin
            kaikkien
        kesien
    tyhjiö
    huomenna
        tänään
            täyttymys

                    von
                      kuva
                      sara
                  na
        pönttö
        kolisee
        itseään
          vasten
                  ihmisen
                      ääniä
                        lintujen
                        äänten
                  jälkeen
            vielä
        hikoilen
      turkissani
        seuraan
        kulmain
            alta
                  ketä
                      luulet
                        ikuis
                        tavasi
                  nyt
            vielä
      tirkistelen
    aurinkoon
      paljastan
      hampaani
          syyttä
                  tämän
                      liuku
                        man
                        puit
                      teissa
                  aikani
                ihmettelen

ja kuka olisi   ”Kenestä kesä
tiennyt siinä   paahtoikaan
päässä kuuden   tuollaisen
  jalan tanssin   ruipelon?”
                    että miten
        hyvä   silloin
        ilta   se oli
        se   yksi
        oli   hyvä
        silloin   ilta
            ennen   nyt
      yksi kylki   ennen isä
      toisessa   poika isä
      kyljessä   selkä
      poika isä   selällä
          poika   vastaa
              pyhä kaiku

Tosi-TV2

niinpä
tietysti

torkku
vahdissa

kuin
veivaisi
kaikki pyhät
lupaukset
pettäisi
jalkojen alla
roomalaiset
tasohyppelyn
päivät yöt
kreikkalaiset
murtuvat

valut
murhat
väärässä
seurassa
kämmenet
hikisinä
veivaisi
ylimääräisen
numeron
yleisön vaatimuksesta
huolimatta
melkein juoksisi
lentäisi
melkein
kotoa
kotia
kohti
kiertäisi
märkää
varjoa
vastaan askelta jo
lyhyempää
jäädä
aamulla
lämpimään

herätys
eilen
unohdit
raajat
huomenna
ulokkeet
tänään
kantapäät
kilkkuvaiset juuri
siks
häviät
pelin
sen
ja yhden
tois en mut
ai nahan
voi
per
uuttaa
posket   ojasta
lommossa takaisin
jatkaa
matkaa
kädellisen
liike
elämää
paita ja perse
auki ranteista
napaan iskee
tulta aattelee
asiallisia
ikuisesti
savunjuurella
eläisi juuri ja
siks
juuri
niin   päin
suin   ainavalmis
kovaksimaaksi
kaikkiin tuuliinaina

m i t ä näenkään
p itkin peltoa
ne
                naurut
                  laaksoses s a
                      peittyne e t
                      harha-askele e t
                      sammuneet
v a i enneet hepat
u s kovaiset
p o h joisen
    t a i vaasta   hitaas t i
                   rauke a a
                     hännästä ä n
                     hopei n e n
                   käärm e
        silmä
p u naiseksi
h a r jaantunut
k a t s oo
   n ä k ee
     t o ivottomat
       tulkit
         nilkit
       nulkit
                      niin että
                        tykkään
                      nukkumisesta
                    ja aina sataa
                   likimain
                 täällä aina
               v a i su stadion
           k e s ä autereen
         p ä ä l l ä   salakuvat a a n
           p a r a t iisi   savu   orapihlaj a l t a
             o r a pihlajalle   matelee   kai k k i
               t ä ällä   tapahtuu   tää l l ä

mutta
miten n ä i s tä
turvista p u h u t a a n
    m i t e n
kulkee h e n k i
ja mikä p ä i v ä n
hinta
on
    n o
    m i t ä s t ä s s ä
  ei n i i n m i t ä t ö n t ä
elettä e i n i i n
suurta k o h u a
ei ihmeitä e i k u n p i m e ä
on alkanut v a l o
    s a a
    t u l l a
kun saapuu s y y s m a a l a a
aaltopeltiin l a u a n t a i n a
    v ä s y m ä t t ö m i ä
    k u v i a
aurinko t ä s s ä
    n ä i n
    o l i
    r a n t a
kahvia e n n e n
laivoja
nyt
se
tuntuu
    t u u l e l t a

liian h e i k o l t a
heinä k u u l t a
taivaanpoh j a t t o m a l t a
piip u n s u u l t a
sai r a u d e n
tunno t o n
kel l o
soi s i
nin
en
hä
mä
räs
tä si
ni
nen
olin
ti
lasi
ala
puoli
nen
hant
ta puli
harppoo
äkkiä liian
ruma l i i a n
vahva v a i n
epä k u n n o s s a
elokuun p ä i v ä
odottaa a r v a a m a t o n
kirjastoreissu s i l m ä s s ä
roska pien
k o neita
p i e n lintuja
v ä hän kylmää
kyl m ä ä
vie l ä
ta i v a s t a
a u r i n k o a
valkois t a
o d o t e t t a v i s s a
vähän
aur
in
koa

E   n   t   ä

j   ä   ä   k   ö

t   ä   h   ä   n

j   a

t   ä   h   ä   n   j   a

t   ä   h   ä   n

j   a   t   ä   h   ä

j   a

t   ä   h   ä   n

p   i   m   e   ä   ä

r   e   i   k   ä

j   o   s   m   e   i

l   ä   h   t   e   e

e   i   k   ö

p   o   h   j   o   i

t   i   e   d   ä

e   t   e   l   ä

j   o   s

l   ä   h   d   e   n

p   y   ö   r   i   i

p   a   l   l

m   u   i   h

p   e   l   e   i

n

n

k   ä

n   e   n

ä

k   ö

o

i   n

h   i   n   ?

aika
röyhkeästi
ikkunapaikalla
vaihtuu juuri
niin kuin
valkoista jättää
mustalla ikävän
jälkikuvan
pummilla
lähiliikenteeseen
auringon
rinnalla
sammu
maan
säilyttämään
salaisuutta
hiljaisuuden
kaupunkia
näkyvyyttä
orapihlajalta
sähkövalolla
asfaltilla
oikealle
väärälle
heijastuvat
pienet
ihastuneet
eksyneet
kipinää
iskevät
keväät
arkkitehdin
silmin viat
tomuuden
virasto
aika minua
ennen keskellä
turhanpäivää
talvea toivottaa
mitä saisolla jos
ei   höyryä   ei
ilman   suuntia   ei
ollenkaan   piirakkaa   vaan
tänään   pelkkää   magiaa

voi se
        äänekäs
vuode
        naikah
deksan
        sylin
    terin
        vuo
            den
                ai
                    ka
                        ihan
                            asti
                                sai
                                ra s
                                    kas
                                        voi
                                            herätä
                                                tyynenä
                                                voi
                                                nähdä
                                                kaikki
                                                    keppeet
                                                suorat
                                                kaikki
                                            taivaat siellä
                                            aaltoilee
                    hämärän vilja
                rajan yli
                            eikä
                        mikään ka
            pa   pa   toa
        kot   laa   kat
            a   laa   oa
        kot   laa   ka
            a   laa   to
        kot   laa   a
            a   laa
                        laa

homeinen   kuollut
            kuu   lokki
            yön paino
            piste ja
                    Theian
                        lapsi
                    nukkuu
                    totta
            kai
        totta
    kaikki ja
jos et usko   kun
kysy vanhalta   kitisevät
    nyrkkeiljältä   telaketjut
        ihan totta   kevättalvea
            avattua armoa
                    väljähkösti
                    oranssia
                ja
                    minä
            no
                niin
        aina
                näiden
            kerros
                    pukeutumisten
        avoimien ovien
    ohi rivakoin   päiväsaikalainen
        tanssiaskelin   käärmeen
        mäkeä ylös   nahkainen
kuurassa   pitkässä   karhun
    uskoisitko   talja
                                laina
                        höyhenet &
                    La littérature
                c'est de la merde!

                    Auringon nousu
          aurinko   Tulta porteilla
      laskee toinen   ..   kuninkaan
      memphis 10   ....   syvissä
          miljardia   ....   tuumissa
            vuotta   ...   coltia
            viiskyt   ..   pyöritellä
              jotain   mustat planeetat
              pinkkiin linjaan
                kromiin
              kääntyi
            kaikki
            turhaa
            enää ei
            ka
              mm
                  ata
                  si lti
                  et hän
                unohda nostaa
              leikkiä ajan   kaulusta
            radiossa   pystyyn   ..
            rajana   iltasella   .....
          ei taivas   radan   ....
          iltasella   toisella   lapset
            kierto   puolella   villit
          radan   loivat   ajan
            tuolle   aallot   vain
          puolen   hihkuvat
            kepeä   nyt
          kenen
        vain
        tomu
      leijuu
    sinun
    ....
      ......
      ....